CB142417

MARKETING
de sucesso

Universo dos Livros Editora Ltda.
Rua do Bosque, 1589 – Bloco 2 – Conj. 603/606
Barra Funda – Cep: 01136-001 – São Paulo/SP
Telefone/Fax: (11) 3392-3336
www.universodoslivros.com.br
e-mail: editor@universodoslivros.com.br
Siga-nos no Twitter: @univdoslivros

DAMRONG PINKOON

MARKETING
de sucesso

São Paulo
2014

UNIVERSO DOS LIVROS

Copyright © 2014 by Damrong Pinkoon Company Limited
www.facebook.com/ Damrong Pinkoon

© 2014 by Universo dos Livros
Todos os direitos reservados e protegidos pela Lei 9.610 de 19/02/1998.

Nenhuma parte deste livro, sem autorização prévia por escrito da editora, poderá ser reproduzida ou transmitida, sejam quais forem os meios empregados: eletrônicos, mecânicos, fotográficos, gravação ou quaisquer outros.

Diretor editorial
Luis Matos

Editora-chefe
Marcia Batista

Assistentes editoriais
Aline Graça
Rodolfo Santana

Tradução
Celso Paschoa

Preparação
Viviane Zeppelini

Revisão
Geisa Mathias de Oliveira

Projeto gráfico
Damrong Pinkoon

Arte e capa
Francine C. Silva
Valdinei Gomes

Dados Internacionais de Catalogação na Publicação (CIP)
Angélica Ilacqua CRB-8/7057

P725c

Pinkoon, Damrong
Marketing de sucesso / Damrong Pinkoon; tradução de Celso Paschoa. – São Paulo : Universo dos Livros, 2014.
192 p. : il., color.

ISBN: 978-85-7930-750-8
Título original: *Marketing idea*

1. Marketing 2. Administração 3. Negócios 4. Sucesso I. Título II. Paschoa, Celso

14-0678 CDD 658.8

ATENÇÃO!!!

O profissional de Marketing
inteligente está chegando.

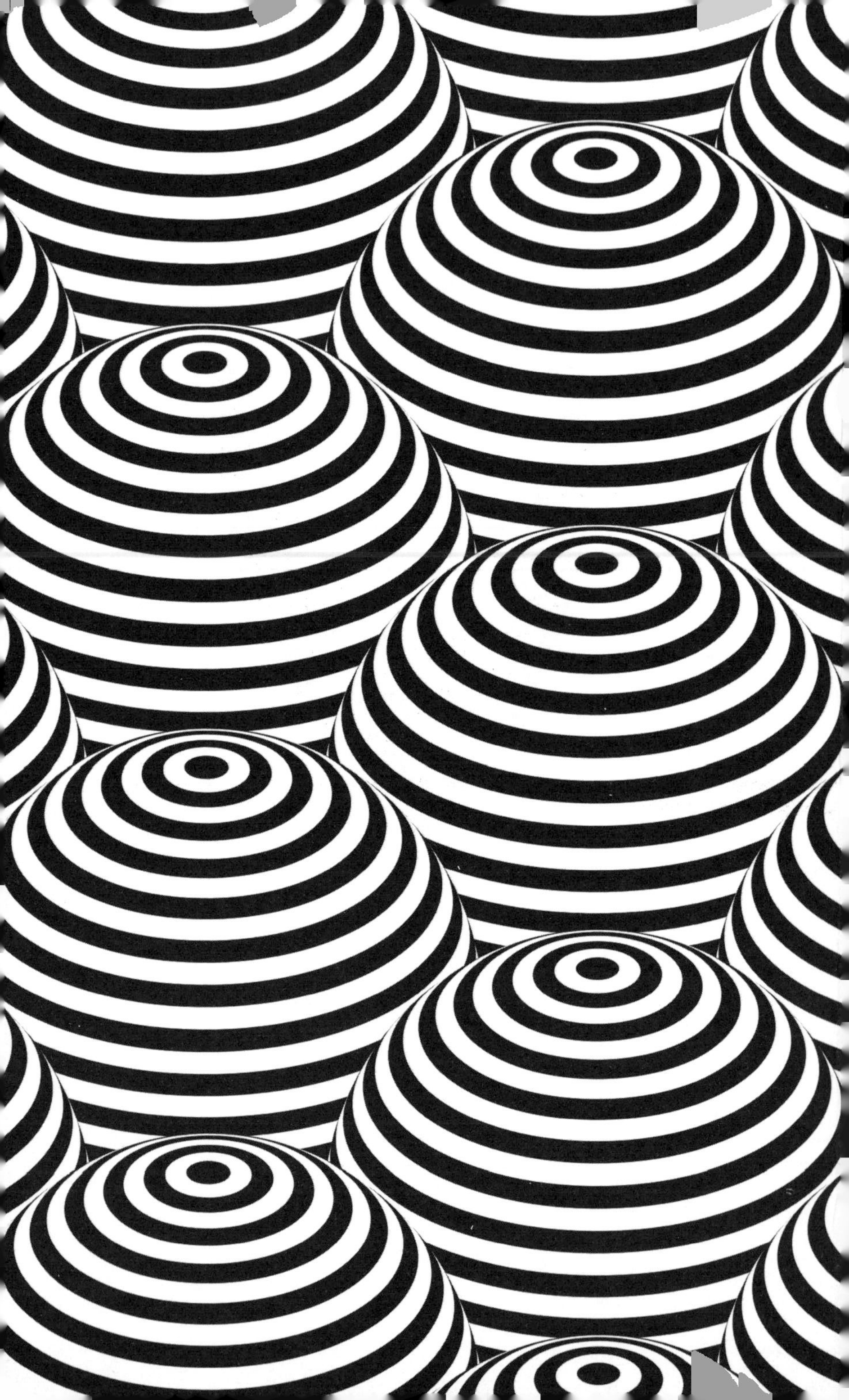

GRANDES
PROFISSIONAIS

DE MARKETING SÃO COMO MÁGICOS QUE ENCANTAM AS PESSOAS E AS FAZEM, VOLUNTARIAMENTE, GASTAR DINHEIRO.

ALGUMAS
COISAS
PARECEM
IGUAIS,
MAS NÃO
SÃO

Hot tea!
milk
TeA
tea
Hot
Grin tea
tea

ALGUMAS
COISAS
PARECEM
DIFERENTES,
MAS SÃO
IGUAIS

Os ótimos profissionais de marketing devem:

1) SABER FAZER COM QUE AS PESSOAS LEMBREM DE SEUS PRODUTOS.

2) SABER FAZER COM QUE AS PESSOAS LEMBREM DE SUAS MARCAS.

3) SABER FAZER COM QUE AS PESSOAS LEMBREM E COMPREM SEUS PRODUTOS, VÁRIAS VEZES.

4) SABER CRIAR UM ANÚNCIO BARATO.

5) SER AQUELES COM IDEIAS NOVAS.

6) SER AQUELES QUE MELHORAM A SOCIEDADE.

7) SER INTELIGENTES.

8) ENTENDER O COMPORTAMENTO DOS CLIENTES.

9) ENTENDER O COMPORTAMENTO DE SEU PÚBLICO-ALVO.

10) ENTENDER OS OBJETIVOS DA MARCA.

11) ENTENDER AS ESTRATÉGIAS DE MARKETING.

12) SABER VENDER SEUS PRODUTOS.

Um profissional de marketing incompetente:

1) JAMAIS FAZ COM QUE AS PESSOAS LEMBREM DE SEUS PRODUTOS.

2) JAMAIS FAZ COM QUE AS PESSOAS LEMBREM DE SUA MARCA.

3) JAMAIS FAZ COM QUE AS PESSOAS COMPREM SEUS PRODUTOS, VÁRIAS VEZES.

4) JAMAIS FAZ COM QUE AS PESSOAS COMPREM SEUS PRODUTOS DE IMEDIATO.

5) GASTA MUITO DINHEIRO, ENTRETANTO, NÃO MOSTRA RESULTADOS. SEMPRE COPIA OS OUTROS.

6) SUAS ESTRATÉGIAS DE MARKETING PIORAM A SOCIEDADE; ELAS PARECEM INTELIGENTES, MAS NÃO SÃO.

7) JAMAIS ENTENDE O COMPORTAMENTO DOS CLIENTES.

8) JAMAIS ENTENDE O COMPORTAMENTO DE SEU PÚBLICO-ALVO.

9) JAMAIS ENTENDE SEUS PRODUTOS.

10) JAMAIS ENTENDE AS ESTRATÉGIAS DE MARKETING, DESPERDIÇA O DINHEIRO DA EMPRESA E, DE FATO, NÃO VENDE NADA.

Sumário

Sumário

Sumário

Sumário

Por que certas marcas de relógio tornam-se mais caras com o passar dos anos?

Por que algumas motocicletas mais lentas são mais caras do que carros rápidos?

Por que as mulheres adoram a LOUIS VUITTON?

Por que a APPLE se tornou a ação mais cara do mundo?

Por que o mesmo tipo de produto VENDE em faixas de preço muito diferentes?

(e os itens caros são mais populares)

DESIGN
CONCEPT
INSPIRATION
TALENT design
PERFECT
IDEA
OUTSTANDING
SOLUTION
communication
INSPIRATION
creative
art
SMART
DESIGN
IDEA
SOLUTION
mind
communication
SOLUTION
CONCEPT
creative

Valor da marca

ROLEX

Quanto mais tempo no mercado, mais caro tem se tornado (a marca está no mercado por mais de um século).

Os relógios ROLEX são sempre precisos, e a marca está no mercado desde 1908.

O valor de um ROLEX aumenta o charme e a beleza do relógio.

Os materiais e como engenheiros capacitados inspecionam todos os aspectos de um ROLEX na Suíça são os pontos-chave do sucesso.

Quando o produto é bom + ótimos materiais + ótima apresentação = aumento do valor da marca.

A originalidade do ROLEX e como isso controlou a imagem da marca é o que todas as outras tentaram seguir.

Enquanto outras empresas de relógio tentaram se associar com mais agentes mundo afora, a ROLEX fez o contrário; a empresa reduziu as representações e eliminou os agentes em alguns países, pois considerou que já havia um número excessivo deles.

(http: //em.wikipedia.org/wiki/Rolex)

LOUIS VUITTON

O rei da indústria da moda.

Fundada em 1854 – há mais de 160 anos.

Começou fabricando carteiras de couro, mudou para kits modernos de viagem e depois para mais carteiras e ótimas maletas.

A marca LOUIS VUITTON está presente em todos os cantos do mundo.

Encontramos a marca principalmente em cidades da moda, como Londres, Paris e Nova York.

Até em Hong Kong e Xangai.

Atualmente, a LOUIS VUITTON se tornou a marca mais rica do mundo da moda, mas ela não é a maior varejista de acessórios femininos, posição ocupada pela ZARA.

(http://en.wikipedia.org/wiki/Louis_Vuitton)

1 Estratégia da Marca

>>> Há muitos vendedores e precisamos desenvolver uma consciência da marca.

Restaurantes Japoneses

Na hora do almoço... estamos passeando à procura de um local para comer.

Dirigimos pela cidade.
Queríamos comer sushi no almoço, mas, bem...
Não conseguimos encontrar realmente um lugar.
Na cidade, vimos uma porção de restaurantes japoneses.

Por que há tantos deles?

A frase de Marketing para isso é:

Variedade de Escolhas

Há centenas de escolhas para nós selecionarmos.

Conceitos de marketing

O que devemos fazer se queremos vender nosso produto?

CONCEITOS

A resposta normal de um profissional de marketing mediano seria PROMOÇÕES E VENDAS.

Mas, e se todos os restaurantes japoneses estivessem tendo a mesma PROMOÇÃO...??

Qual deles escolheríamos???

Não é tão difícil...?

Deveríamos continuar competindo ou apenas desistir?

Se você quer desistir, pare de ler este livro agora...

E vá fazer o que quiser.

Mas, se você quer continuar competindo, continue a lê-lo...

INTRODUÇÃO	CRESCIMENTO	MATURIDADE	DECLÍNIO
Uma nova empresa é igual a um recém-nascido, que precisa praticar a caminhada antes de efetivamente ser capaz de correr. De maneira lenta, ela consolida o mercado e obtém clientes; uma porção de investimentos, mas não muitos benefícios em retorno.	Quando sabemos administrar uma empresa e somos bem conhecidos, então chegam competidores mais árduos em nosso mercado. Embora nosso produto venda, a competição sempre está presente para diminuir o preço.	Nossa empresa atinge o pleno crescimento. Quando ela está no auge é a época em que devemos ganhar o maior número possível de benefícios. Algumas empresas podem demorar mais tempo para atingir esse ponto.	Após a empresa atingir o auge, algumas delas precisam encontrar outros produtos para substituir os antigos ou, talvez, entrar em um novo nicho para sobreviver.

Conceitos de marketing

Frase número 1

Introdução do produto.

Cada empresa precisa apresentar seus produtos:

Isso não é uma **promoção** ou **venda**.

A frase de introdução é chamada...

criar o CONHECIMENTO DA MARCA

ou

"Conhecimento da Marca"

"Entendimento da Marca"

"Conhecer a Marca"

"Conhecimento do Restaurante"

"Conhecimento do Bar"

"Conhecimento da Loja de Jeans"

3 LEALDADE À MARCA

Lealdade à Marca

Criar uma boa percepção para o produto e fazer com que o grupo-alvo "volte para comprar mais". Confiança + lembrete + ir até o local correto = clientes que voltam para fazer mais compras.

2 RECONHECIMENTO DA MARCA

Reconhecimento da Marca

Fazer com que o grupo-alvo "lembre-se" de nosso produto + nosso restaurante + ou nossa linha de roupas.
Fazer isso repetidas vezes e, então, os clientes virão até nós.

1 CONHECIMENTO DA MARCA

Conhecimento da Marca

Fazer com que o grupo-alvo torne-se ciente da existência da marca. O que é nosso produto + nosso restaurante + nossa linha de roupas. Fazer os clientes saberem o que fazemos.

Primeira vez em um novo restaurante?

Faça os "clientes" quererem comer o que está em seu menu.

Primeira vez no salão de cabeleireiro?

Faça os "clientes" quererem um novo corte de cabelo.

Primeira vez na loja de fast-food chinês?

Faça os "clientes" pedirem mais.

Primeira vez em uma casa de sanduíches?

Faça os "clientes" comprarem mais sanduíches.

Primeira vez em uma hamburgueria?

Faça os "clientes" adorarem seus hambúrgueres.

Primeira vez na loja de roupas?

Faça os "clientes" comprarem mais de suas roupas.

Primeira vez na livraria?

Faça os "clientes" comprarem mais livros e revistas.

Primeira vez na loja de vinhos?

Faça os "clientes" comprarem mais vinhos.

Primeira vez na Victoria's Secret?

Faça as "clientes" comprarem mais roupas íntimas.

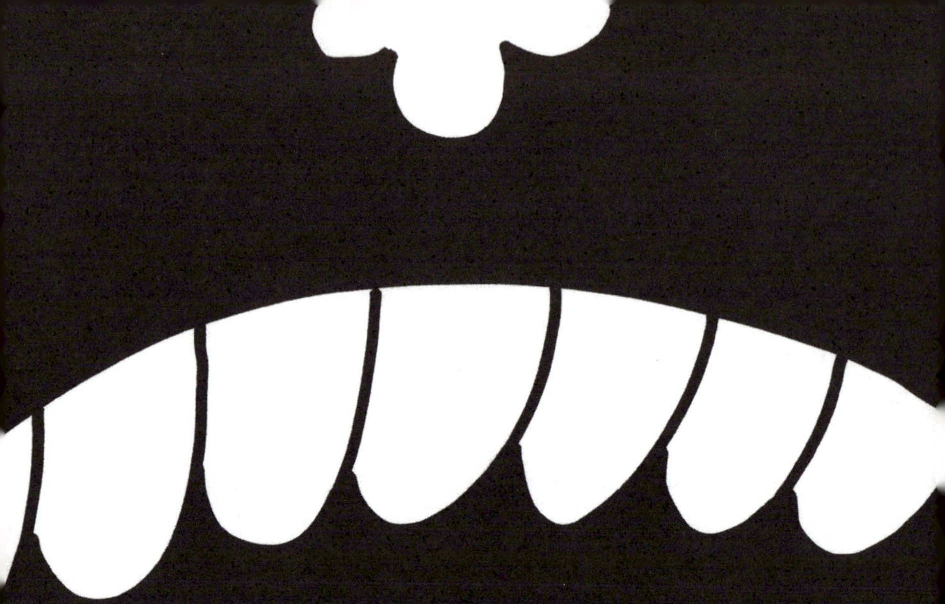

A primeira coisa a fazer é descobrir uma maneira de os clientes "olharem rapidamente" o produto.

"Independente do que for preciso, simplesmente faça-o".

Em segundo lugar, se o "produto ou serviço" não é suficientemente bom, ninguém jamais voltará. É nisso que reside o "negócio + marketing".

Prospecto

Antes de se tornarem nossos "clientes",
eles são chamados:

1	2	3	4
Potenciais →	**Prospectos** →	**Clientes** →	**Clientes Fidelizados**

O dever do profissional de marketing não é apenas fazer com que "não clientes" fiquem cientes de nosso produto, mas também fazer com que **"não clientes"** tornem-se **"clientes"** e que **"clientes"** tornem-se **"clientes fidelizados".**

Cliente fidelizado

Antes de se tornarem "Clientes Fidelizados", a marca precisa atingir os não clientes.

1		2		3
Conhecimento da Marca	→	Reconhecimento da Marca	→	Lealdade à Marca

O dever de um profissional de marketing é fazer com que os "não clientes" fiquem cientes da marca e fazer com que os "clientes" comprem nosso produto e voltem para fazer mais compras (deixando de ir até "as lojas de nossos competidores").

Valor de marca

Harley Davidson

Essa marca de motocicletas clássicas está no mercado há mais de um século. Hoje, há fã-clubes da Harley espalhados pelo mundo inteiro.

A Harley não é a marca de motocicleta mais rápida, nem uma marca ecológica, tampouco com o design mais elaborado.

No entanto, seus proprietários parecem ser as pessoas mais legais do mundo.

Quando o produto tem uma fabricação esmerada + ótimos materiais + ótima apresentação = Valor Agregado.

As motos de 1 000 cc e 800 cc têm um preço médio de US$ 2 800,00. As motos são populares e se tornaram produtos com ótimas vendas, muito embora sejam mais caras do que um carro médio de uso urbano.

(http://en.wikipedia.org/wiki/Harley_davidson)

GUCCI

A marca começou a confeccionar os produtos na década de1920, cerca de noventa anos atrás.

Ela iniciou com costura da moda para jovens, e atualmente seu portfólio tem mais de 15 mil desenhos.

Nos anos 1990, Tom Ford tornou-se o estilista-chefe e modificou a marca, para mais moderna e radical. Após essa iniciativa, ele começou sua própria marca e seus produtos agora estão disponíveis globalmente na grife Tom Ford ou TF.

(http://en.wikipedia.org/wiki/Gucci)

2 Desejo + Necessidade + Demanda

>>> Não há vendedores suficientes

Os melhores pãezinhos são da "New York Bakery".

Os melhores tacos são da "Taco Bell".

As melhores tortas cheesecake de Nova York são da "Chantal's".

Precisamos criar a ideia de "desejar" comer lá...

Você pode esperar anos...

As pessoas ainda insistirão... nós iremos quando estivermos disponíveis. Na área de Marketing, criamos o "desejo" para aqueles que

"PRECISAM" "COMER"!!!

Conceitos de marketing

indica... **NECESSIDADE**

mas com **"diferentes aspectos".**

Necessidadade

Desejo

Demanda

O QUE É

1

O DESEJO é a NECESSIDADE:

a necessidade de algo

não específico.

2

A DEMANDA é a NECESSIDADE:

a necessidade de algo realmente

específico (muito específico)

3

A NECESSIDADE é a NECESSIDADE:

a necessidade de algo específico, mas que realmente não precisa ser em um local específico ou de uma marca específica.

A NECESSIDADE QUE É, PRATICAMENTE, MAS NÃO REALMENTE, SIMILAR.

EU QUERO VOCÊ

EU PRECISO DE AMOR

DEMANDA. De acordo com o livro *Administração de marketing,* de Philip Kotler, há oito definições.

1. Demanda negativa

Trata-se de um mercado sem qualquer demanda, como o de linguiças de carne de porco em países muçulmanos e outras regiões, ou nos quais os produtos são proibidos ou restringidos.

2. Ausência de demanda

Ocorre quando não há interesse no produto – tal como propagandear smartphones ou outros itens de alta tecnologia para pessoas mais velhas, pois embora elas possuam um, não sabem como utilizá-lo apropriadamente, de modo que não há demanda para a compra de outro produto.

3. Demanda latente

Ela paira em nosso subconsciente – tal como a vontade de consumir bebida alcoólica quando dirigimos. É ilegal beber e depois dirigir.

DEMANDA

4. Demanda em declínio

A demanda em declínio é reduzida rapidamente, como no caso de pessoas que querem comprar vídeos VHS, usar um espartilho ou de jogar pinball. O que um profissional de Marketing precisa é fazer com que a demanda volte e torne essas coisas populares novamente. Ao deixar os clientes potenciais verem seu real valor, é possível evitar que esses produtos caiam em extinção.

5. Demanda irregular

Ocorre sazonalmente – como a de rosas no Dia dos Namorados, ou o número de pessoas que visitam uma loja de departamentos em um fim de semana é muito maior do que nos dias de semana.

Um profissional de Marketing utiliza estratégias para transformar essas demandas temporárias em demandas regulares. Ao usar seus talentos, os ótimos profissionais de Marketing fazem com que isso ocorra.

DEMANDA

6. Demanda total

A demanda total é quando o volume de vendas atinge seu ponto mais alto, e o profissional de Marketing precisa sustentar esse patamar.

7. Demanda excessiva

Ocorre quando a demanda por um produto ultrapassa sua oferta – tal como quando o novo iPhone foi lançado. Ainda antes do lançamento, as lojas Apple tinham uma lista de espera superior a 500 mil unidades.

8. Demanda não integral

Surge quando há demanda para um produto, mas ela precisa ser reduzida – tal como em campanhas para reduzir o número de pessoas fumantes ou que consomem bebidas alcoólicas.

Marketing

Quatro perspectivas extras de Damrong Pinkoon sobre a DEMANDA

9. Demanda crescente

A demanda crescente – tal como a necessidade de comprar e-books via um aplicativo. Esse tipo é o oposto da demanda em declínio, pois quando há um aumento nas vendas de e-books via dispositivos como um iPad, Kindle ou Nook, essa demanda elimina mais livrarias do mercado.

10. Demanda com mudanças rápidas

Esse tipo de demanda geralmente pega o mercado de surpresa e é, por vezes, a consequência de um desastre natural que provoca uma escassez de produtos. Durante as cheias da Tailândia em 2011, a demanda por água potável e alimentos aumentou drasticamente, mas, assim que as águas baixaram, ela voltou ao nível anterior.

Conceitos

Quatro perspectivas extras de Damrong Pinkoon sobre a DEMANDA

11. Demanda da moda

Esse tipo de demanda aumenta como rapidez, mas apenas como uma tendência ou moda, que surge em algumas décadas – tais como as minissaias dos anos 1960, os jeans rasgados dos hippies nos anos 1970, as camisetas de estilo punk dos anos 1980 e as calças legging dos anos 1990. Todas essas modas antigas poderão voltar à tona daqui a dez ou vinte anos.

12. Demanda-fenômeno

A demanda-fenômeno – tal como quando o cantor coreano Psy inventou o método de dança no estilo Gangnam. O mundo inteiro adorou e aprendeu a reproduzir o método. Foi algo similar a quando Michael Jackson deu seu famoso passo *MoonWalk* no palco e todos queriam imitá-lo.

3 Nós precisamos de "NECESSIDADES"

Procure as necessidades

Se não há necessidades dos clientes
Não podemos vender qualquer coisa,
Pois todos sabemos que ninguém pagará
Por algo que não precisa
Talvez algumas pessoas pagariam... mas
muito poucas.

Se ainda não há necessidades dos clientes,
Descubra um gênio numa garrafa e faça
os pedidos.
Crie as necessidades dos clientes.

Mas se você não consegue encontrar um gênio
Vire-se para o espelho
e diga "VOCÊ...
Você precisa criar a necessidade do cliente"

Big doodle set-
milk
Butter
Hot
Black tea
Grin tea
Coffee
tea
Milk
ate

Marketing

Quando a **OFERTA** não aumenta como deveria, o que ocorre em seguida é

"PROBLEMA".

1. Oferta Limitada

Quando você tem apenas a **TV aberta** controlando todos os canais, a demanda dos clientes é muito baixa. Os que estudaram Comunicação de Massa são incapazes de encontrar mão de obra apropriada e, portanto,

a **OFERTA** de funcionários não é suficiente para atender a carga de trabalho. Os formados estão desempregados, sem dinheiro e não sabem por que devem se preocupar em estudar muito.

2. Falta de Visão

Um país com apenas um aeroporto internacional pode ser categorizado como subdesenvolvido, mas aeroportos internacionais criam mais empregos para pessoal de chão, tais como funcionários da alfândega, imigração, administradores e guardas de segurança.

3. Crescimento Lento

A falta de construção de rodovias causa a desaceleração da venda de carros. Ter menos organizações industriais do que a população necessita provoca uma escassez de empregos para formandos. Isso causa desemprego.

Quando a TV aberta é subdesenvolvida, as pessoas criativas ficam sem trabalho; não há ideias novas para as pessoas. No passado, tivemos de assistir às reprises de séries como *Friends, Everybody Loves Raymond* etc. diversas vezes... essa é a razão por que muitas famílias optaram pela TV a cabo. Quando o transporte público ainda não é desenvolvido, as pessoas compram mais carros, tornando mais prováveis os congestionamentos. As conexões de internet nem sempre resultam em um acesso mais rápido. Tudo leva tempo para "baixar".

Como a tecnologia é mais avançada em países desenvolvidos, há taxas de crescimento mais lentas em países em vias de desenvolvimento.

MÃO INVISÍVEL

<Termo de Economia>

Quando acontece um desequilíbrio de condições na economia,
Surge imediatamente uma mão invisível.
Por exemplo, quando a oferta é muito pequena,
Isso se dá porque ela está controlada.
Assim, naturalmente, há a possibilidade
De uma nova oferta no futuro.
Por outro lado, sem a demanda,
Ou se o produto não for mais necessário,
Ele será esquecido e
Desaparecerá do mercado.

tCRE
sual
concep
image
ar
solution
des
TION
ept
image
UAL
ion
ugh
commur
IVE
design

4 Marketing Sensacional

>>> Sinta, Adore

Pense e Sinta como o Cliente

Se um restaurante abrisse e apresentasse um slogan que ele teria as "garçonetes mais bonitas". O que aconteceria se os clientes percebessem que "as garçonetes não eram tão bonitas assim"?

Isso é o que chamamos... ***"pensar como o cliente".***

Se uma loja de roupas denominada Chic Designs vendesse itens Que não fossem tão chiques, o que aconteceria?

Isso é o que chamamos... ***"pensar como o cliente".***

Se uma cafeteria vendesse um café que não fosse tão bom Para os clientes, o que eles fariam?

Isso é o que chamamos... ***"pensar como o cliente".***

Se uma padaria vendesse um pão que não fosse tão saboroso, O que seus clientes fariam?

Isso é o que chamamos... ***"pensar como o cliente".***

Marketing

Experiência **do Cliente**
Experiência **do Cliente**
Experiência **do Cliente**
Experiência **do Cliente**
Experiência **do Cliente**
Experiência **do Cliente**
Experiência **do Cliente**
Experiência **do Cliente**
Experiência **do Cliente**

Conceito

Os Clientes

têm o direito de escolher

Escolher	para	Usar
Escolher	a	Opção
Escolher	para	Gostar
Escolher	para	Apreciar
Aquisição	ou	Cancelamento
Aquisição	ou	Obsoleto
Aquisição	ou	Não gostar
Aquisição	ou	Discordar
Xingar	ou	Reclamar
Xingar	ou	Trocar
Empacotar	ou	Colocar

Insight do Cliente

"Cliente em Detalhes"

Os profissionais de Marketing não são oráculos

Não conseguem ver espíritos invisíveis

Não conseguem controlar mentes

E não conseguem ver o passado de uma pessoa

Mas,

Eles conseguem prever o **comportamento**

dos clientes

Estudando os alvos cuidadosamente

Antes de planejar qualquer estratégia de Marketing.

Profissionais de Marketing bem--sucedidos

Geralmente conseguem captar a mente dos clientes.

Profissionais de Marketing bem--sucedidos

Geralmente estão certos sobre os clientes.

Profissionais de Marketing bem--sucedidos

Não são profetas.

Profissionais de Marketing bem--sucedidos

Sabem o que os clientes querem e como eles

Pagarão por algo.

Valor da marca

James Bond

Um Espião Britânico

Foram feitos 23 filmes sobre o espião e reporta-se que a receita global obtida é de praticamente US$ 8 bilhões. Ao longo dos anos, alguns atores ficaram famosos e ricos interpretando esse charmoso espião britânico.

Sean Connery

George Lazenby

Roger Moore

Timothy Dalton

Pierce Brosnan

Daniel Craig

(http://en.wikipedia.org/wiki/James_bond)

Harry Potter

Harry Potter, o pequeno feiticeiro, nasceu da imaginação de J K Rowling. Com um total de sete filmes, de 2001 a 2011, a história de Harry Potter atingiu mais receita de bilheteria do que os 23 filmes de James Bond. Até hoje, a saga acumulou uma receita de bilheteria mundial superior a US$ 25 bilhões.

(http://en.wikipedia.org/wiki/Harry_Potter)

5 Marketing do Cheiro

O pão feito na hora tem um cheiro formidável

Se você quer que as pessoas experimentem seus produtos
Precisará sempre de uma fornada de novos pães.
O cheiro atrai a "vítima" para o interior da loja.
Quando o cheiro é agradável, os clientes chegarão por conta própria.

Algumas pessoas passaram por uma barraca de hambúrgueres,
Pararam e voltaram para comprar um deles,
Pois seu cheiro estava "formidável".

Se você deseja vender lingerie
Contrate modelos maravilhosas para vestir as peças
E, então, as pessoas as comprarão e usarão.

CHEIRE
QUEIRA
COMPRE

COMA
LEMBRE-SE DE
COMPRAR
NOVAMENTE

O Cheiro Convidativo

Café

Spa (Aromaterapia)

Flores

Bolos

Frango Frito

Churrasco

Carnes

Grelhados

Frutos do Mar

Conceitos

Starbucks

O aroma dos grãos de café da Espresso é o bastante para atrair clientes que gostam do cheiro de café moído na hora.

THANN (Aromaterapia)

Produtos aromáticos para spas que atraem clientes, pois a fragrância deles em si é relaxante.

Churrasco

O aroma de um churrasco pode atrair clientes que adoram o cheiro de carne grelhada em um restaurante.

Frutos do Mar

O cheiro de frutos do mar grelhados atrai clientes que adoram o cheiro de peixes, caranguejos e camarões saídos de uma grelha.

6 Pesquisa de Mercado

>>> Regras de Marketing

Porta antiga com um furo
Porta nova... sem um furo

Se quisermos encontrar os **"Dados"** corretos precisaremos pesquisar em um ***"banco de dados do cliente"***.

1. Encontrar erros e melhorá-lo
2. Determinar a razão segundo a qual os produtos estão ordenados
3. Descobrir como fazer com que os clientes passem a ser compradores regulares.

Se quisermos encontrar "novas informações",
Precisamos conduzir uma pesquisa de mercado.
Para descobrir a necessidade de um novo público-alvo,
Não podemos usar um banco de dados antigo.
Precisamos conduzir uma pesquisa de mercado
Para, então, conhecer as reais necessidades
de nossos "clientes" potenciais.

Dados Primários

Dados obtidos de clientes antigos que não foram verificados ou selecionados

Informações

são os **dados convertidos**, Informações obtidas por um filtro de conteúdo.

Marketing

Marketing,
às vezes, precisa encontrar
uma "solução" por si mesmo.

Conceitos

Alguns produtos não são vendidos...

Mas transformados... para fazer isso experimente apenas mudar... mas, como promover boas mudanças?
A melhor maneira é
fazer perguntas aos clientes.
Aos novos ou antigos
clientes, simplesmente pergunte-lhes...
Agora, comece a perguntar!!!

7 Satisfazer as Necessidades do Cliente

>>> Satisfazer os Clientes

Por que os clientes estão insatisfeitos?

As pessoas normais, saudáveis, não precisam ir ao médico.
As pessoas comuns não querem marcar uma consulta no médico.
Apenas as pessoas doentes devem fazer uma consulta no médico.

Quando um comprador deseja adquirir um produto,
Os vendedores não podem ser arrogantes.

As equipes de Marketing devem convidar os clientes ao interior da loja,
Mas, talvez, os vendedores estejam "enxotando" seus clientes.

Quando um **"cliente necessita de nosso produto"**,
a única coisa a fazer é **"fechar a venda"**.

Em certos dias, estamos dispostos a comprar algo, como um par de sapatos

Na loja, nós nos deparamos com vendedores não prestativos
Que não conseguem achar os sapatos que queremos experimentar.
Eles agem como se isso fosse o fim do mundo,
E então decidimos não comprar nada,
E, finalmente, voltamos para casa.
Isso indica que alguém que não conversa com seus
clientes não proporcionou a “Realização do Cliente”.

Necessidades Não Satisfeitas dos Clientes

Por que isso é importante?

As equipes de Marketing criaram o desejo de compra do cliente,
Quando elas miraram a mente de seus clientes.
Mas os vendedores os “enxotaram”,
De modo que, infelizmente, não ocorreram vendas.
E, o que é pior, o cliente poderá simplesmente
Dirigir-se até a loja de uma marca concorrente e comprar.

Marketing

1. Satisfaça as Necessidades dos Clientes

Os hospitais estão lotados porque os médicos conseguem curar os doentes.

2. Satisfaça as Necessidades dos Clientes

As barbearias e os salões de beleza estão lotados, pois, quando as pessoas querem parecer bonitas, esses estabelecimentos podem oferecer isso a elas.

3. Satisfaça as Necessidades dos Clientes

Os restaurantes estão lotados, pois, quando as pessoas desejam comer pratos deliciosos, os funcionários desses estabelecimentos preparam refeições saborosas, que lhes serão servidas.

4. Satisfaça as Necessidades dos Clientes

As lojas de conveniência estão lotadas pois sempre que as pessoas querem algo, esses estabelecimentos proporcionam isso a elas. As lojas apenas vendem itens com saída rápida.

Conceitos

5. Satisfaça as Necessidades dos Clientes

As pessoas escutam música porque desejam ouvir algo que as agrade, e seus cantores favoritos oferecem essa oportunidade a elas.

6. Satisfaça as Necessidades dos Clientes

Os refrigerantes agradam a uma porção de pessoas porque seu sabor é muito melhor do que o da água, de modo que as pessoas os compram.

7. Satisfaça as Necessidades dos Clientes

As lojas de *fast-food* apresentam muitas filas, pois as pessoas querem saborear uma comida rápida e deliciosa, e esses estabelecimentos oferecem isso a elas.

8. Satisfaça as Necessidades dos Clientes

Os shoppings são lotados pois eles têm tudo de que os clientes necessitam: restaurantes, salas de cinema, livrarias, lojas de roupas, de artigos esportivos etc.

Os iPhones e iPads da Apple

Passaram a ser **"líderes de mercado"** **pois Satisfizeram as Necessidades dos Clientes.**

Fazendo com que eles pensassem que são mais que meros "compradores"

1) Faça vendas com tecnologia de fácil uso. A tecnologia do "arraste e solte" tem sido utilizada nos Macs por muitas décadas. Agora, ela mudou do mouse para o "toque com o dedo".
2) Permita que os desenvolvedores de aplicativos tomem parte na atividade, concedendo-lhes o código de desenvolvimento de aplicativos a serem utilizados somente por usuários da Apple, via AppStore.

conception IMAGE idea
SMART
ation creative
ANDING
age MIND
SMART
n DESIGN art FORM
al CONCEPT communicatio
INSPIRATION SOLUTIO
SMA
VE
tion solutio
ALENT design art CONC
desig
IDEA PERFECT
OUTSTANDING concep
LUTION IMAGE
munication
INSPIRATION
reative smart
communication
h art
SMART DESIGN TALENT
IDEA
nind SOLUTION art
communication
IVE SC

Marketing

SATISFAZER AS NECESSIDADES DOS CLIENTES

=

Responder às **"Demandas"** dos clientes.

Conceitos

Responder às
"Demandas"
dos clientes
é
a **"Essência"**
do Marketing.

Para reter o **"coração"** do cliente, primeiramente precisamos entender a **"essência"** do Marketing.

Valor

=

Expectativa do Cliente – Despesa do Cliente

Valor

=

As expectativas dos clientes – o preço pago

Quando os clientes querem adquirir um produto ou serviço, eles terão de pagar uma "taxa de valor" por suas expectativas.

1) Expectativa dos Clientes

As expectativas dos clientes geralmente se referem a um produto que oferece um nível de qualidade que eles imaginavam. A compra de produtos sempre pareceu ser dessa forma.

2) Expectativa Positiva do Cliente

Isso ocorre quando um produto ou serviço faz o cliente sentir que a compra "valeu a pena". Ele espera um produto de boa qualidade e, no final, considera que o produto é muito bom, assim como seu serviço.

3) Expectativa Negativa do Cliente

Isso ocorre quando o cliente sente que a compra não "valeu a pena" e que ele não está satisfeito com o produto ou serviço. Por exemplo, reservar um quarto de hotel *on-line* e, na chegada, constatar que ele está sujo e que é oferecido um serviço de má qualidade.

Valor da marca

Doraemon

Gato Japonês

Fujiko Fujio criou esse gato-robô em sua imaginação, mas as crianças japonesas levaram-no a voos muito mais altos.

Doraemon é um felino salvador de um menino chamado Nobita, uma criança da 4ª série que está sempre chorando. O desenho animado contém cerca de 1 344 episódios e tem sido visto mundo afora.

O personagem foi selecionado como Embaixador Honorário para poder promover a cultura japonesa.

(http://en.wikipedia.org/wiki/Doraemon)

Valor da marca

Conan

Detetive de Cartum

Conan recebeu esse nome de Sir Arthur Conan Doyle, o autor que criou o famoso detetive Sherlock Holmes.

O cartunista cult japonês Aoyama Gozo transformou Conan em um personagem famoso da cultura anime, que é anunciado por todo o Japão e tem sido exibido em diversos países do mundo.

As séries do detetive Conan foram traduzidas para vinte línguas até o momento.

(http://en.wikipedia.org/wiki/Meitantei_Conan)

8 Teste e Tentativa

>>> Prossiga... Prossiga... Prossiga...

Se você jamais subiu em um ringue,

Jamais saberá se é um....

"Vencedor" ou "Perdedor"

o Marketing é "experimental"

1. Descubra novos produtos para fazer com que os clientes notem você.

2. Encontre razões para que os clientes paguem por seu produto

3. Encontre vantagens que seus concorrentes não têm

Descubra meios de fazer com que os clientes **"Testem antes de comprá-lo"**,

Pois é muito difícil fazê-los

"Comprar antes de testá-los".

LUTAS

Lute!!!

e você poderá **vencer...**

Não lute

e você

jamais vencerá

Marketing

Um processo de tomada de decisão - o processo de compra de uma organização

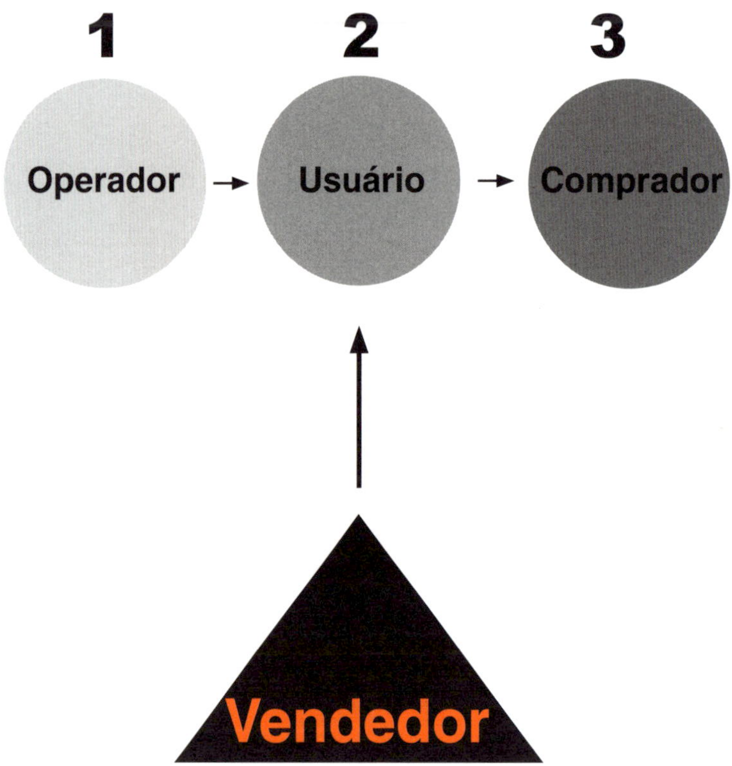

Conceitos

Um processo de tomada de decisão em uma organização de grande porte pode apresentar várias etapas, pois o comprador não é a pessoa que utilizará o produto final. O processo de compra pode, de modo geral, ser atrasado, pois a proposta precisa seguir vários processos internos para conferir se o produto é apropriado para uso.

Em uma organização de pequeno porte, a proposta pode obter aprovação imediata, de modo que a operação é feita com mais facilidade. Os fornecedores precisam abordar as pessoas corretas da organização, pois o poder de compra significa se aproximar do tomador de decisão.

GESTÃO DA CENTRALIZAÇÃO

Cada funcionário da organização deve ser autorizado no "centro". Como é o caso do CEO, presidente ou de um comitê.

Gestão Descentralizada
O vice-presidente de cada departamento tem autoridade para tomar decisões em seu departamento

VICE-PRESIDENTE
Marketing
Vendas
Compras
P&D (Pesquisa e Desenvolvimento)
Manutenção
RH
Contabilidade
Finanças

A Gestão Corporativa apresenta muitos estilos.

Se a organização

"Sobrevive" ou é **"Estável"**

isso significa que o estilo de gestão ajusta-se apropriadamente à organização.

Se uma estratégia

que você utilizou fez a organização

melhorar em termos de

"Crescimento" ou

"Prosperidade",

então, ela
deverá ser inscrita na
história da organização
como conhecimento para
a próxima geração.

Valor da marca

Nike

Após uma campanha publicitária bem-sucedida,

que usou o famoso jogador de basquete Michael Jordan, as vendas do Nike Air ou "Air Jordan", como eles ficaram conhecidos, levaram os produtos ao seu ponto mais alto. A parceria com Jordan era para tornar a Nike a marca número 1 em tênis esportivos. Quando a Nike quis vender equipamentos de golfe, eles repetiram a tática e contrataram Tiger Woods, o jogador de golfe número 1 do mundo. Conforme esperado, as vendas da linha Nike Golf cresceram muito mais rapidamente que a dos rivais, tais como Taylor Made, Callaway e Ping, e a Nike assumiu a posição de topo no golfe.

(http//en.wikipedia.org/wiki/Nike,_Inc.)

Valor da marca

Pepsi

A marca da Nova Geração

A Pepsi ajustou a posição da marca para ser a bebida de uma nova geração. Diferentemente da Coca-Cola, que tentava manter a mesma imagem com a Coke Classic, a Pepsi adotou as famosas cantoras Britney Spears, Beyoncé e Pink. Cada uma delas apresentou-se em uma série de anúncios denominados de "We Will Rock You", e isso fez as vendas da Pepsi atingirem números fantásticos. Posteriormente, a empresa mirou no público masculino, contratando os astros do futebol David Beckham, Raul, Roberta, Luís Acosta e Edgar David que assumiram os papéis e perderam uma partida para uma equipe de lutadores de sumô no anúncio "Who's an Amateur?"

(http//en.wikipedia.org/wiki/Pepsi.)

9 Criar o Desejo

>>> Crie a Demanda do Zero.

Alguns itens jamais estão em demanda, mas há aqueles que criam uma demanda para eles.

O **Marketing** pode fazer os clientes pagar

O **Valor** está no preço do produto

"Valor" pode ser apenas uma **"percepção"**

Quando os **"clientes"** sentem que o produto **"vale a pena"**

Isso significa que **"o Marketing está no caminho certo".**

Os clientes conseguem ver os benefícios do produto
Eles verão que "valeu a pena o dinheiro gasto".

Steven Spielberg apresentou a trilogia cinematográfica *Jurassic Park* ao mundo quando o primeiro filme foi exibido em 1993.

Então, depois de alguns anos, foi lançado o *The Lost World: Jurassic Park 2* e, em 2001, foi lançado o *Jurassic Park 3.*

A franquia Jurassic Park ganhou rios de dinheiro.
O diretor Steven Spielberg efetivamente fez
Com que os dinossauros revivessem. Embora todos saibam
que as filmagens “envolvessem efeitos especiais”.

Muitas pessoas ainda esperam
Pela oportunidade de ver *Jurassic Park*
De Steven Spielberg mais uma vez.

No início de 2013, Hollywood anunciou que iriam começar as filmagens do *Jurassic Park 4* ou *Jurassic World* em 2014.

Temos simplesmente de aguardar e ver... mas as pessoas realmente não conseguem esperar; elas desejam vê-lo...

agora... agora... agora!!!

Conceitos de

>>> Criar as necessidades dos clientes

Criar as necessidades dos clientes
De modo geral somente é necessário
quando o mercado não conhece ou ainda não viu o nosso produto.

As amostras são enviadas ao mercado para testá-lo. Criar nele um novo sentimento. O anúncio é exibido antes das vendas. Primeiro, cria-se uma grande necessidade para os clientes. Depois, começam as vendas quando você descobre que a ideia realmente FUNCIONA.

pois os competidores fabricariam modelos similares, mas com melhores especificações.

No caso da indústria de tecnologia, isso também não funcionaria, pois os competidores fabricariam smartphones melhores com especificações avançadas.

Conceitos de

A primeira espécie a ser extinta foi a dos "dinossauros".
Antes de *Jurassic Park*, um número muito reduzido de pessoas queria ver um longa-metragem sobre "dinossauros" porque eles eram filmados em documentários maçantes...
Mas, atualmente, os "dinossauros" são o que as pessoas desejam ver, inclusive se isso incluir "esperar pela *première* do filme".

marketing

Crescimento da **Demanda**

Ausência de Demanda → Demanda Crescente →

Declínio de demanda

Demanda → Demanda em Declínio →

Demanda Total → Demanda Excessiva

Ausência de Demanda → Demanda Negativa

Valor da marca

Sony

Inovação Japonesa

Akio Morita e Masaru Ibuka são os fundadores da Sony. Desde 1950, a empresa fabrica produtos eletrônicos baseados em suas ideias e os vende sob a marca Sony.

Atualmente, Kazuo Hirai é o presidente da Sony. Desde o primeiro dia em que a empresa começou a venda de produtos eletrônicos, ela simplesmente permaneceu em crescimento. A Sony logo se tornou o padrão mundial de inovação. Quando a empresa começou a enfrentar uma competição mais dura e inovações mais revolucionárias tanto da Apple como da Samsung, seu título de rainha da tecnologia ficou sob risco.

(http://en.wikipedia.org/wiki/Sony)

Samsung

Inovação Coreana

Samsung, em coreano, é pronunciado como "Sam San", que significa "três estrelas". A empresa tornou-se rainha da inovação em 2001 quando criou uma nova linha de produtos para competir com a Apple. Logo após o iPhone 4 ser lançado, a Samsung lançou o Galaxy S2. Quando a Apple lançou o iPhone 5, a Samsung lançou o Galaxy S3. Após o lançamento do iPad, houve o lançamento do Galaxy Note. E, após o lançamento do iPad mini, a Samsung lançou o Galaxy Note 2.

Enquanto houver competição, o mundo evoluirá sem parar.

(http://en.wikipedia.org/wiki/Samsung)

10 Imagem da Marca

Uma boa carteira é **cara.**
Uma carteira cara é **boa.**

Os profissionais de marketing bem-sucedidos

"criam valor" para produtos

Que fazem seus **"clientes"**

Sentirem-se "orgulhosos".

Sempre que alguém vê que o cliente

"está usando esta marca", ele está orgulhoso.

Mas, quando o "cliente"

"precisa esconder a marca que está usando", isso significa que... **"ele está sofrendo constrangimento por usá-la".**

Louis Vuitton
Hermès
Gucci
Chanel
Prada
Mont Blanc
Giorgio Armani

Sempre que você possuir um desses produtos...

"é preciso exibi-los"

Todas as pessoas já viram alguém com uma caneta Mont Blanc no bolso da camisa

Eles a carregam dessa forma... mas jamais realmente a utilizam para escrever ou assinar algum documento.

MARCA MARCA MARCA
MARCA MARCA MARCA
MARCA MARCA MARCA
MARCA MARCA MARCA
MARCA MARCA MARCA
MARCA MARCA MARCA
MARCA MARCA MARCA
MARCA MARCA MARCA
MARCA MARCA MARCA
MARCA MARCA MARCA
MARCA MARCA MARCA
MARCA MARCA MARCA
MARCA MARCA MARCA
MARCA MARCA MARCA
MARCA MARCA MARCA
MARCA MARCA MARCA
MARCA MARCA MARCA

MARCA MARCA MARCA
MARCA MARCA MARCA
MARCA MARCA MARCA
MARCA MARCA MARCA
MARCA MARCA MARCA
MARCA MARCA MARCA
MARCA MARCA MARCA
MARCA MARCA MARCA
MARCA MARCA MARCA
MARCA MARCA MARCA
MARCA MARCA MARCA
MARCA MARCA MARCA
MARCA MARCA MARCA
MARCA MARCA MARCA
MARCA MARCA MARCA
MARCA MARCA MARCA
MARCA MARCA MARCA

Por que produtos caros conseguem ser vendidos? E vendem muito bem.

As marcas criativas fazem os clientes perceberem o valor da marca. As empresas consolidaram lentamente o valor da marca durante décadas, pois os produtos são vistos como de alta tecnologia. Assim, se você pretende ser um profissional de Marketing competente dedicado a uma marca como essa, é preciso ter paciência. Comece a consolidar o valor hoje e você verá os resultados daqui a muitos anos.

Conceitos

Giorgio Armani

Designer renomado dos astros e estrelas de Hollywood, desenhou roupas para homens e mulheres vestirem na noite do Oscar.

NIKE

Sistema de ar em sapatilhas

Um novo design que suportou os pés de um jogador de basquete.
Para evitar lesões de joelho quando ele pulasse e corresse.
A empresa também tinha Michael Jordan como garoto-propaganda.
Essa inovação foi muito popular e o Air Jordan tornou-se o tênis de basquete mais procurado.

MUJI

Quando havia muita competição de marcas, a MUJI experimentou designs naturais e simples para os próprios produtos. A mudança deu certo pois hoje há diferenciação.

11 Marketing do Boca a Boca

>>>Não anuncie, mas você ainda está vendendo, e tudo isso gratuitamente...

Porcentagem de pessoas que compartilharão coisas

boas = 13%

Porcentagem de pessoas que compartilharão coisas

ruins = 67%

Estatística de compartilhamento de experiências na mesa de jantar revelaram que um amigo geralmente tendia a lembrar alguma coisa ruim sobre algo.

Essa é uma propaganda gratuita!

Experiências ruins levam a uma história sobre essas más experiências... e outras pessoas tomarão conhecimento dela.

Em termos de Marketing, isso é denominado de...

PODER do BOCA a BOCA.

Experimente
Prove
Coma
BOM
RUIM

12 Presentes a Cada Minuto

>>> Número exagerado de anúncios

Nos cinemas vemos um número exagerado de anúncios...

As pessoas não desejam assisti-los,
mas são forçadas a isso antes de o filme começar.

Portanto...

Por que há tantos desses anúncios?

Isso é denominado... **"Forçar"**

Conceitos de marketing

Quando as pessoas iam a alguns cinemas
Elas escreviam em suas contas do Facebook
Que "o preço era injustificável"
Isso foi repassado às autoridades
Que, posteriormente, disseram "que o preço era alto demais".

Os homens de negócios geralmente explicariam que um OLIGOPÓLIO consiste em **apenas dois a três provedores.**

Nesse tipo de atividade, os provedores podem fixar o preço que desejarem se houver mais pessoas (alta na demanda).
Todos os provedores poderiam trabalhar juntos para reposicionar os preços das entradas, e os frequentadores de cinema seriam forçados a pagar mais.

Ir ou **não ir?**

A decisão é de vocês... apenas escolham... (disseram os provedores).
Uma coisa é certa, você terá que aguentar propagandas muito longas antes de o filme começar.
(se você optar por ir ao cinema).

Marketing

Conceitos

Quando os clientes estão na nossa frente, os profissionais de Marketing têm de oferecer a eles o que querem (presente). Jamais sabemos, de verdade, se o cliente está ou não interessado. Mas, se você quer vender, deve mostrar o produto ao cliente. Às vezes, nós apenas precisamos posicioná-lo no mercado.

13 Perguntar????

Se você quer fazer um bom marketing, deve aprender a **"fazer perguntas".**

Marketing é uma suspeita

Marketing é conceito

Marketing é um experimento

Marketing é inovação

Marketing é... bacana... doentio... perverso

Marketing é uma razão

Marketing é estranho

Marketing é diferente

Marketing é distorção

Marketing é divertido

Marketing é inspirador

Marketing é quem + o que + por que + onde + quando

Marketing é ???

???????

???????

???????

???????

???????

???????

1) Ponto de Interrogação

é de

"Perguntas"

2) Questionário

é de

"Dúvidas"

Se temos uma "pergunta" em Marketing, precisamos de um "questionário" para o público-alvo, pois os clientes nunca informam, para nós, o que pensam.

Alguns profissionais de Marketing perguntam
"por que seus produtos vendem?"

Ou

"Por que seus produtos não estão vendendo?"

A Busca pelas Respostas

é

pedir informações... e comentários dos clientes, pois a

"maioria das pessoas" (nos negócios) geralmente

"pensa em adotar a própria perspectiva".

Valor da marca

Jurassic Park

A Ressurreição dos Dinossauros

O diretor de cinema Steven Spielberg fez com que o filme se tornasse um sucesso inesperado. Seu filme anterior, *ET*, um alienígena saudoso de seu planeta, foi um sucesso enorme de bilheteria, mas quando *Jurassic Park* foi exibido, as pessoas queriam vê-lo mais de uma vez, pois elas não conseguiam acreditar no grau de realismo dos dinossauros. Seguiram-se mais duas sequências bem-sucedidas e, hoje, após quinze anos da captura de atenções da audiência com o primeiro filme, Steven Spielberg está rodando *Jurassic Park 4*, com as filmagens iniciadas no ano de 2014.

(http://en.wikipedia.org/wiki/Jurassic_Park)

Valor da marca

Titanic

A história do navio que não afundaria foi revivida por James Cameron. O filme possibilitava a todas as pessoas conhecerem a história do maior navio do mundo, de alguns de seus passageiros famosos e de como ele afundou.

O filme também projetou ódio, risadas, pena e amor, o que ajudou para que conseguisse obter o primeiro lugar de longa-metragem com a maior receita. *Titanic* sustentou esse título por mais de dez anos, até ser ultrapassado por outro filme de James Cameron: *Avatar.*

(http://en.wikipedia.org/wiki/Titanic_(1997_film))

14 Diferenciação de Mercado

>>> Seja diferente

Não seja o mesmo que os outros...

Sim, seja diferente...

Os profissionais de marketing podem obter sucesso ao

"Fazerem uma diferença que distinga o produto dos competidores"

Fazer os **"clientes"** sentirem como **"eles devem ter nosso produto".**

Finalmente, "pagar facilmente por ele".

Hot tea!
TeA
tea
milk
Hot
Grin tea
tea

Marketing

Chá verde

Ele tem sido vendido no Japão durante séculos,

Mas, em alguns países, esse produto tem sido popularizado por promoções.

Pão

Há trinta anos, o melhor pão da Tailândia era o caseiro.

Hoje, em contrapartida, as pessoas preferem comprar pães refinados de estabelecimentos como a Starbucks.

Tacos

Os tacos mexicanos vendidos em barracas na 11th Street, em Nova York, são ótimos, embora seja mais rápido comprá-los na Taco Bell.

Mobília

Algumas pessoas escolhem o meio mais fácil de comprar móveis, e vão até a IKEA. Outras preferem produtos personalizados ou que levem o nome de um designer, de modo que podem escolher entre as marcas bulthaup ou Philip Stark.

Conceitos

Rosquinha

Krispy Kreme, Mister Donut e Dunkin' Donuts são as marcas favoritas de alimentos para adolescentes e policiais.

Hambúrgueres e Frango Frito

Fast Food

Fácil de comprar, saboroso, fácil de comer, adaptados para satisfazer os sabores de cada país.

Cheesecake

A melhor é a da Chantal's em Nova York,
Mas também há muitos estabelecimentos nessa cidade que vendem cheesecakes da Chantal's.

À primeira vista,
elas podem ser descritas como
"iguais"

À primeira vista,

as pessoas podem pensar que se trata
"do mesmo produto"

Mas, quando fazemos com que os
"clientes"

saibam que nosso produto
"é diferente"

essa é a hora de fazermos nosso produto

"vender".

Estratégia diferente

	Estratégia de **Baixo-Custo**	Estratégia de **Marca de Topo**
Mercado Pequeno	**T1** Estratégia **Local** (Produto Local + Mercado Local)	**T3** Estratégia de **Produto de Alto Valor** (Produto Luxuoso)
Mercado Grande	**T2** Estratégia de **Líder de Custo** (Margem Baixa)	**T4** Estratégia de Produto ***Premium*** (Margem Alta)

Conceitos

Estratégia T1

Estratégia Local

Baixo Custo + Mercado Pequeno

Quando o mercado é pequeno, o item não custará muito. Sem muitas propagandas, o produto pode ser mais barato. Os produtos vendidos antes têm menos custos de pessoal.

Estratégia T2

Estratégia de Líder de Custo

Baixo Custo + Mercado Grande

Quando o mercado é grande mas necessita de produtos para ser mais barato, lojas como a Walmart e a Poundland vendem itens baratos que atraem clientes.

Estratégia T3

Estratégia de Produto de Alto Valor

Alto Preço + Mercado Pequeno

Produtos que são concebidos e feitos por artesãos normalmente utilizam materiais superiores. Por exemplo, os telefones celulares podem ser fabricados de titânio, enquanto as malas concebidas por Giorgio Armani utilizam couro da melhor qualidade. Os carros Rolls-Royce são caros pois são essencialmente produzidos de maneira artesanal e utilizam a mesma tecnologia usada em motores de avião.

Os clientes são limitados por produtos *premium* caros, mas as pessoas que usam esses tipos de produtos se orgulham de ter pago uma grande soma de dinheiro para possuí-los.

Estratégia T4

Estratégia de Produto *Premium*

Alto Preço + Mercado Grande

O produto se baseia no tamanho do mercado. Por exemplo, os maiores sucessos do Rolling Stones poderiam ser vendidos em um CD feito de ouro ou titânio. Produzidos com uma edição limitada e numerados, seus admiradores definitivamente os colecionariam. A indústria musical tem um mercado imenso (Mercado de Massa) com muitos novos gêneros de música.

O gênero mais popular do setor é a música pop. Também há muitos outros gêneros musicais, mas eles têm um público limitado, tal como o indie rock e a música clássica.

15 Marketing de Pessoas

>>> Lotado ou Vazio

Às vezes, o cliente simplesmente espera um pouco, e isso é suficiente...

Quando temos de esperar em uma fila no banco ou numa loja, se esperamos menos de cinco minutos, está bem.
No entanto, se a espera demora mais do que quinze minutos...

O banco ou a loja ***precisam de melhorias***

Os clientes podem esperar... esperar, pois é preciso... mas nem sempre.

Em vocabulário de Economia, isso é chamado...

"Tempo Desperdiçado"

Conceitos de marketing

O Reverence de Bastien abriu as portas há cerca de cinquenta anos como um salão profissional de manicure pessoal. Gradualmente, ele foi se tornando popular e ficou maior. À medida que mais pessoas costumavam ir ao local, os clientes foram forçados a fazer reservas com meses de antecedência. Isso acontecia não pela falta de outros estabelecimentos que oferecessem o mesmo serviço, mas porque as pessoas simplesmente queriam esperar. No entanto, quando bancos e lojas fazem as pessoas esperarem muito...

Tenha cuidado pois os clientes ficarão entediados...
porque sempre que os clientes ficam entediados

Eles mudarão para uma outra loja ou banco próximos
Argh, argh, argh!! Assim, o banco e a loja precisarão encontrar novos clientes... e isso está ficando cada vez mais difícil.

Digamos!!!

O Reverence de Bastien tem uma porção de clientes esperando. Quanto mais pessoas esperam, maior o número de pessoas que desejam fazer as unhas. No entanto, bancos e lojas não devem ter filas longas, pois as pessoas mudarão para outro banco ou retornarão posteriormente ao banco inicial.

Às vezes, a Deficiência é o Ponto de Venda.

A Deficiência pode ser vendida

Ficar na fila para jantar em um restaurante afamado por seus pratos deliciosos é normal na indústria da alimentação. Quanto maior o número de pessoas na fila, mais atenção o restaurante recebe. Um pequeno restaurante, com um grande número de pessoas para comer, pode ser interpretado como uma deficiência, mas também poderá ser considerado como um grande ponto de venda.

os Clientes Mudarem
de Fornecedor

Deficiências, permitindo que os clientes mudem de opinião.

Algumas deficiências farão com que os clientes mudem suas opiniões. Por exemplo, se uma pessoa foi a um hospital mas não ficou curada, ela muda de opinião e procura outro hospital. No entanto, se o hospital fosse caro, mas a curasse, isso bastaria. O principal benefício de um hospital é que seus pacientes se recuperem de qualquer doença. Se ele é um pouco mais caro, isso não importa. Mesmo tendo de pagar mais, se o tratamento é bom e estamos curados, isso é o que realmente importa.

Valor da marca

Apple

Passou a ser a empresa com as ações de maior valor nominal do mundo. A temeridade de Steve Jobs gerou inovações que fizeram do mundo um lugar melhor. De computadores que criavam designs gráficos a reprodutores de música e telefones celulares. Desde o primeiro Apple I, a Apple Inc. estava tentando construir um computador para que os clientes o utilizassem da maneira mais fácil possível. Eles o denominaram de "amigável ao usuário". Quanto mais intuitivo o computador fosse, menos pessoas ficavam receosas de utilizá-lo. A criação do "arraste e solte" tem feito parte do sistema Macintosh desde a primeira geração. Foi essa característica que diferenciava seus produtos dos i386 e i486 da IBM. Os computadores da IBM ofereciam somente programas básicos e exigiam que o usuário memorizasse fórmulas para utilizá-los.

(http://en.wikipedia.org/wiki/Apple_Inc.)

Valor da marca

Microsoft

Sob o comando de Bill Gates, a Microsoft vendeu o sistema operacional MS-DOS para a IBM, de modo a ativar a faixa de computadores i386 e i486 da empresa. Os computadores eram iniciados por microprocessadores Intel que, posteriormente, lançaria o chip Pentium Intel. Por volta de 1985, a Microsoft foi desafiada pelo Lotus 123, que "rodava" programas e softwares similares. O próximo sistema operacional da Microsoft foi o vitorioso Windows, que exterminou o Lotus 123 e era, à época, instalado em praticamente todos os PCs do mundo. O Windows "rodava" programas como Word e Excel e permitia que os usuários editassem documentos e planilhas eletrônicas. Nessas condições, Bill Gates passou a ser o homem mais rico do mundo. Junto de sua esposa, ele criou a Fundação Bill & Miranda Gates, e o casal doou milhões de dólares para instituições de caridade.

(http://en.wikipedia.org/wiki/Microsoft)

16 Servir aos Clientes Efetivos

>>> Aberto 24 horas

McDonald's Sistema 7-11

Aberto ininterruptamente, com bom volume de vendas, quando não há clientes na loja, os funcionários fazem verificação de estoque.

As barracas de *kebab* espalhadas nas calçadas

Vendem principalmente à noite...

Em termos de Marketing, isso é denominado...

COMPETIDOR DIRETO E INDIRETO, ou seja ***"competidores diretos e competidores indiretos".***

Conceitos de marketing

Barracas Noturnas... Quem são os clientes???

Resposta: Indivíduos da noite

Quem não dorme? As pessoas que trabalham durante o dia ou à noite?

Resposta: As pessoas que trabalham à noite não estão dormindo. Algumas pessoas que trabalham durante o dia também não estão dormindo.

Elas estão festejando após o trabalho + seguranças + vendedores que saem do turno de trabalho às 22h + o namorado da vendedora que dirige para apanhá-la no serviço + as pessoas que sofrem de insônia + as pessoas que compram peixes e outros produtos frescos no mercado + os frequentadores de restaurantes que fecham mais tarde + as pessoas que surfam pela Internet + os solteiros frequentadores de boates + os clientes de clubes noturnos + os funcionários de bares + os motoristas de táxis + os DJs de rádios + os jornalistas + os policiais + os repórteres + os médicos e enfermeiros que trabalham nos turnos da noite.

Na realidade, o grupo-alvo noturno é bastante amplo. Hum.. interessante, não é mesmo?

>>> Competidor Direto e Indireto

No período diurno do McDonald's
Seus competidores diretos são o
Burger King e o Mos Burger,
Que vendem produtos idênticos,
ou seja, hambúrgueres.

Atualmente, o McDonald's é um líder mundial. O outro competidor gigante do setor alimentício é a cadeia de frango frito KFC (Kentucky Fried Chiken). A disputa entre o McDonald's e o Burger King não acabou, e o McDonald's ainda precisa medir forças com o KFC.

Como se isso já não fosse o bastante, há também a Starbucks, que está tirando alguns clientes. Por que eu chamo isso de “tirar”? Pelo fato de que se um cliente vai tomar um café na Starbucks, ele deixa de ir até o McDonald’s.

Assim, enquanto a Starbucks crescia cada vez mais, o McDonald’s travava uma disputa com aquela empresa: a guerra da cafeteria. Com isso, o McDonald’s lançou seu McCafé.

Quanto maior você é, mais adversários você tem. Atualmente, o McDonald’s está também travando uma nova disputa em outro campo de batalha. Trata-se da batalha dos Alimentos Saudáveis.

O 1º campo de batalha é o dos hambúrgueres
O 2º campo de batalha é o do fast-food
O 3º campo de batalha é o do café
O 4º campo de batalha é o dos alimentos saudáveis.

17 Surpreender o Cliente

>>> Fator UAU !!!

Os designs interiores do Lenox Lounge e do Odessa Cafe, dois marcos de Nova York, ajudaram esses estabelecimentos a se destacarem no mercado. Com um bar temático dos anos 1970 no Lower West Side, o café certamente contou com o fator surpresa.

Local Animado + Renovado + Completo... UAU!!!

No Golden Cadillac Bar, situado no Lower East Side, a parede do banheiro é coberta com capas de revistas antigas da *Playboy*. Ele é um novo bar de *swing* que serve bebidas a serem tomadas em goles rápidos, como a Buttery Nipple, Miami Vice e Hot Grasshopper. No entanto, isso não é apenas um truque publicitário, pois o dono do Reino dos Coquetéis Greg Boehm e o bartender premiado Giuseppe Gonzalez fazem parte da equipe do Golden Cadillac. Mais: o chef Miguel Trinidad, dos famosos Jeepney e Maharlica, prepara pratos nova-iorquinos clássicos, exibidos na revista *Gourmet*. Impressionante... não?

Realmente impressionam...

Conceitos de marketing

Se os clientes têm uma má impressão de um restaurante
Eles jamais o esquecerão.
Por outro lado, clientes que se sentem "enojados",

"jamais comerão no restaurante novamente"
"jamais usarão o produto novamente"
"jamais comprarão do estabelecimento novamente".

AS SURPRESAS farão os clientes se lembrarem... e jamais esquecerem essas impressões inesquecíveis. Se eles desejam experimentar os pratos exibidos no menu da revista *Gourmet*

Se desejam tomar coquetéis exóticos
É preciso ir até o Golden Cadillac.
Sempre retornarão lá
E contarão a todos sobre essa experiência!!!

Marketing

Causar boas impressões aos clientes é parte do Plano de Marketing. Quanto mais os clientes ficam impressionados, mais eles contarão aos amigos ou aos colegas sobre as coisas boas.

Conceitos

Causar "más impressões" aos clientes não faz parte do Plano de Marketing, mas algumas pessoas ainda fazem isso com regularidade.

Marketing

Conceitos

Similares mas não idênticos....

Ir ao Bistrô Chat Noir, um fino restaurante francês no Upper East Side, não é o mesmo que ir até o Restaurante Carlyle, embora ambos estejam no mesmo bairro e sirvam pratos da cozinha francesa. Ambos são igualmente caros. Talvez preferimos a atmosfera de novos ricos oferecida pelo Carlyle. Assim, a localização, o preço e o tipo de comida são bastante similares.
No entanto, os smokings e as graciosas e surpreendentes notas mínimas concordantes da música ambiente fazem até um intruso com *pedigree*, como eu, sentir-se desejado.
O Chat Noir pode ser mais próximo, mas prefiro ir ao ambiente de roupas belas e caras do Carlyle.

Marketing

Serviço Impressionável

Alguns hotéis cinco estrelas oferecem um brinde especial exclusivamente para casais que reservam um pacote de casamento.

1) estadia complementar de uma noite para a casal.
2) presentes bordados e personalizados com os nomes do casal.

Impressões Inesperadas

O **Grand Hyatt Hotel, de Bangcoc,** presenteava seus hóspedes com um bolo de aniversário de dois andares quando eles celebravam essa data no bufê do hotel, no almoço ou no jantar.

O **Anantara Resort & Spa Hua Hin,** na Tailândia, oferecia uma estadia complementar de duas noites para qualquer usuário que recebesse um SMS do hotel.

Conceitos

Más Lembranças

Alguns hotéis baratos têm percevejos que acompanham os hóspedes durante a noite e não podem realmente dizer que "não deixam que os insetos importunem!"
Alguns restaurantes podem servir comidas deliciosas, mas o serviço dos garçons é insuportável, com más atitudes e maus modos. Os clientes irão embora e jamais retornarão.
Alguns pacotes de excursão contratam um fotógrafo para tirar suas fotos durante a viagem e presenteiam você com um álbum no final da mesma. Eles geralmente cobram excessivamente pelas fotos.

Muitos recém-casados desejam tirar uma série de fotografias antes da grande data como lembrança. O resultado é que os fotógrafos podem, individualmente, exceder o custo original em até US$ 500. Esses valores são muito caros para os noivos e, provavelmente, poderão desacreditar no estúdio.

18 Marketing Cultural

>>> Febre Coreana

No Ano-Novo, muitos tailandeses gostam de ir passear na Coreia.

Eles rumam até a ilha Nami para ver um famoso ator coreano
Eles também gostam de comer kimchi, pois há mais de 2 mil diferentes receitas com esse ingrediente.
Gostam de comer morangos frescos, pois na Coreia essas frutas são muito doces.

Na Coreia é possível ver tailandeses por todo o país.

Em ***termos de Marketing***, isso é chamado de

Marketing de Sucesso

>>> Marketing + Vendas

Conceitos de marketing

A boy band SHINHWA

O grupo pop Super Junior

O grupo pop Girls' Generations

O comediante Kang Ho Dong

A boy band 2 PM

O cantor de hip hop Mc Mong

A série de tevê: *Coffee Prince*

....

Todos esses e muitos outros produtos coreanos reduziram o volume de importados japoneses para a Tailândia. Mais **Marcas Coreanas** são utilizadas... Os tailandeses nunca tiveram que se envergonhar... ou esconder isso... ***Isso porque pessoas bonitas estão utilizando-as na TV.***

Marketing

O **Marketing** não é apenas para que os produtos sejam famosos, mas também para vendê-los.

Conceitos

Durante a época mais fria do inverno na Coreia do Sul, os coreanos vão à Tailândia para escapar do frio congelante, mas anúncios publicitários coreanos convencem as pessoas a aceitarem a neve e a praticarem esqui. Então, além de receberem uma multidão de turistas tailandeses, eles compram tudo o que lhes é oferecido... fantástico!!!

Marketing

O Marketing está tornando as pessoas cientes de um produto considerado "fundamental".

Conceitos

No entanto, o Marketing que faz as pessoas tomarem conhecimento e comprarem um produto é considerado "o ápice".

Valor da marca

Sopa de Barbatana de Tubarão

Essa sopa tornou-se popular na China há mais de duzentos anos. Durante a dinastia Ming, os chefs reais apresentaram a carne de tubarão ao imperador, mas ele disse que não a achava saborosa.

Com isso, o chef real cozinhou as barbatanas de tubarão com ervas chinesas, carne de porco e ossos de galinha.

Esse novo prato à base de tubarão era de preparo fácil mas não tinha muitos nutrientes, pois a receita não pedia as ervas chinesas. Hoje, essa sopa continua cara, pois, no passado, foi uma refeição do imperador. Estima-se que cerca de 70 milhões de tubarões são mortos a cada ano para fazer a sopa. No entanto, poucas pessoas percebem que ela tem um baixo valor nutritivo, pois é utilizada somente a cartilagem do tubarão.

(http://en.wikipedia.org/wiki/Shark_fin_soup)

Valor da marca

ONGs e WWF

Organizações não associadas aos governos e sem fins lucrativos trabalham para promover campanhas a favor dos direitos das pessoas e reclamam contra injustiças. Por exemplo, elas combatem o racismo social e promovem debates sobre problemas ambientais, como o aquecimento global.

World Wide Fund For Nature

Foi fundado em 29 de abril de 1961, a partir das preocupações de Sir Julian Huxley, que via a caça como algo desumano. Huxley era contra a matança de elefantes por causa do marfim e dos tubarões pelas suas barbatanas. Esses itens permanecem parte do mandato do WWF.

(http://en.wikipedia.org/wiki/World_Wide_ Fund_for_Nature)

19 Garoto-propaganda + Anúncio

>>> Ajuda das Celebridades

Marketing da Dunlop

Os pedais Wah Wah que Jimi Hendrix usava para fazer efeitos em sua guitarra apresentavam o retrato do artista e se esgotaram imediatamente.

Talvez, não fosse ***realmente apropriado!***

Um certo método de Marketing com um produto diferente mas com o mesmo método... provavelmente não funcionaria.

Por quê? + Por quê? + Por quê? !!!!

Conceitos de marketing

Por exemplo, uma Empresa de Gravação após a oferta pública inicial (IPO)
Há muitas empresas que se ramificam
Como uma árvore que cresce com seus ramos.

A empresa de gravação tentou lançar sua própria marca de macarrão instantâneo, mas não está dando certo. Por quê?

Eles conseguem vender ramos de atividade malsucedidos a grandes players, tal como a um importante fabricante de macarrão instantâneo.
A extensão de atividades irrelevantes ao negócio principal.
É chamada de....

>>> DIVERSIFICAÇÃO

Marketing

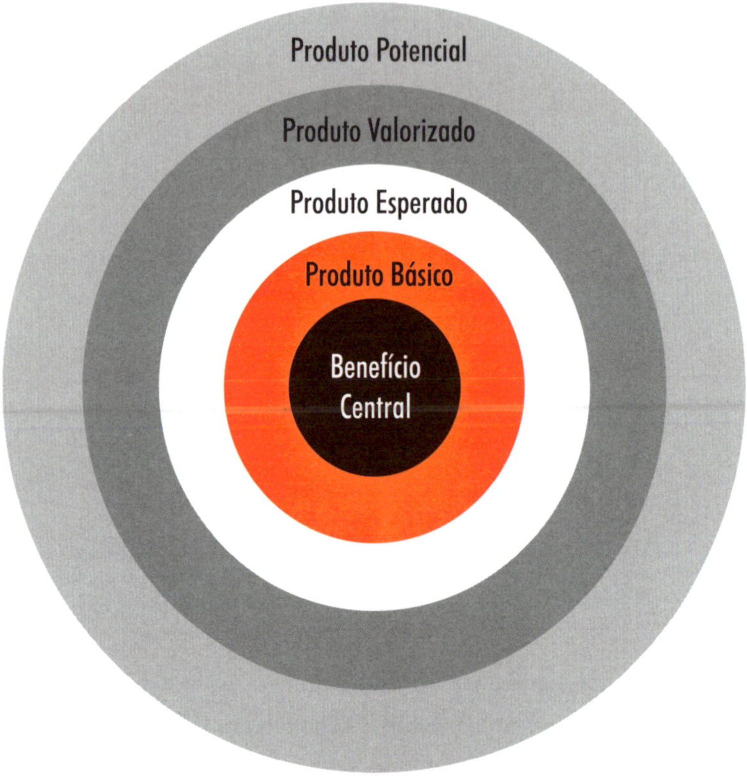

1) Benefício Central	: a principal vantagem do produto
2) Produto Básico	: itens básicos
3) Produto Esperado	: itens esperados
4) Produto Valorizado	: itens valorizados
5) Produto Potencial	: Marketing de produto potencial

Administração de marketing, por Philip Kotler

Conceitos

A maioria dos produtos que "vende" bem o faz por uma razão. Os produtos são vendidos por causa de seus Benefícios Centrais. Outro componente é o "poder do dinheiro". Com "mais dinheiro", as pessoas comprarão o produto mais caro, mas com "menos dinheiro" comprarão a ideia do produto. Se um consumidor deseja comprar alimentos porque está com fome, ele pensará primeiro em como ele é delicioso e, depois, no preço. Com produtos similares, haverá sempre uma comparação de preços. O Benefício Central do alimento é "aliviar a fome". Os consumidores que comem macarrão instantâneo focam primeiramente no preço mais barato. Portanto, aqueles que comem em um hotel ou os que preferem um jantar com preço fixo em US$ 198 não serão o público-alvo de uma empresa de macarrão instantâneo.

Marketing

O benefício central de um guarda--chuva é proteger pessoas da chuva. O volume de vendas é muito alto no inverno.

Nós consideramos isso como uma coisa natural. Toda vez que vamos ao cinema, a maioria de nós está segurando um refrigerante.

Os executivos consideram o tempo e o dinheiro acima da maior parte das coisas. Se eles gastam seu valioso tempo fazendo algo, esperam lucrar com isso.

Conceitos

A maioria dos produtos que é vendida a "preços caros".

A principal razão pela qual produtos caros vendem é que eles agregam valor. Eles podem ter também uma qualidade única, tal como ser desenhados por designers famosos, utilizar materiais especiais ou ser, de outra forma, únicos. Poderíamos citar uma fonte de água quente em Hokkaido em que os minerais presentes na água têm uma composição diferente da de qualquer outra localidade do mundo.

Marketing

Imagem *Versus* Preço

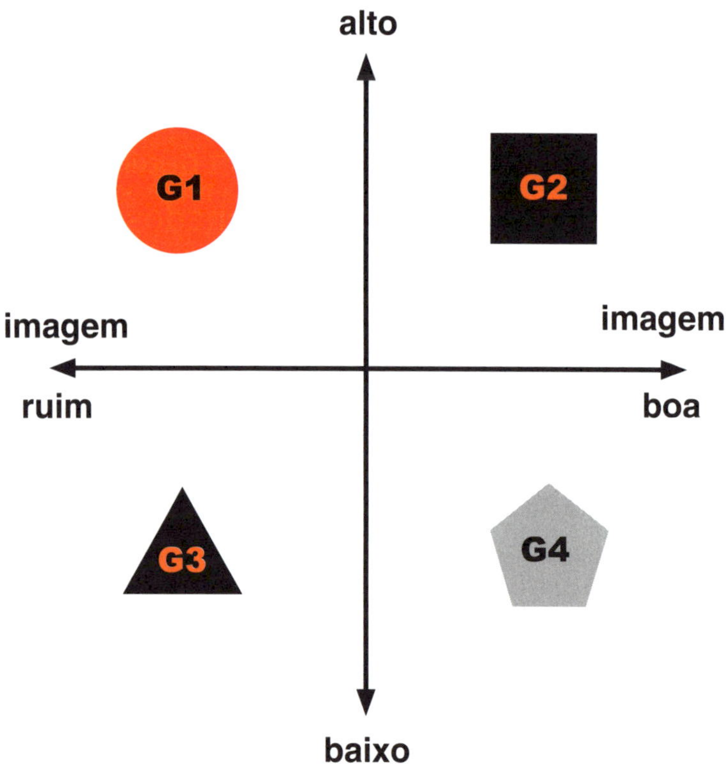

Conceitos

Marca G1

Aspecto Ruim + Preço Alto

Não consegue vender, de modo que não fique surpreso.

Os clientes não acreditam que o produto apresenta valor suficiente para pagar por ele.

Marca G2

Aspecto Bom + Preço Alto

O produto vende, mas não se surpreenda. Os clientes percebem que o produto vale o que é pedido por ele.

Marca G3

Aspecto Ruim + Preço Baixo

O produto não consegue ser vendido... então, não fique surpreso, pois um cliente que tem mais dinheiro, sem dúvidas, "recorreria" para comprar um produto melhor de um outro fabricante.

Marca G4

Aspecto Bom + Preço Baixo

Vende... mas não se surpreenda. O produto ideal para os clientes é o que "tem aspecto bom e é barato".

Marketing

Marca G1

Aspecto Ruim + Preço Alto
Como você resolve isso?

1) Dê um desconto, equiparando o aspecto com o preço.
2) Obtenha um padrão mais alto, também conhecido por "Renovação da Marca".

A Renovação da Marca ajuda os clientes a ver uma nova imagem da marca substituir a antiga. Por exemplo, vamos pensar na ópera tradicional. Muitas pessoas imaginam que o canto é em notas altas, movimentos lentos e finais dramáticos. Mas se você deseja renovar para que ela seja uma ópera moderna, o espetáculo teria de ser um pouco mais rápido e de entendimento mais fácil.
Portanto, para criar uma nova imagem para a ópera, você poderia conceber algo como a "ópera rock". É difícil, mas é possível.

Conceitos

Marca G2

Aspecto Bom + Preço Alto

Vende, portanto não se surpreenda.

(se ele não vender... bem, isso é estranho)

Para manter o volume de vendas,

1) Consiga clientes fidelizados para a marca. A Coca-Cola ainda veicula campanhas publicitárias regulares, embora mantenha a maior fatia do mercado.
Essa é a razão por que as pessoas ainda pedem uma Coca quando desejam um refrigerante gelado. Mesmo que a Pepsi esteja disponível, as pessoas ainda pedem uma garrafa de Coca. (A Coca é a líder de mercado na maior parte dos países, exceto na Tailândia e nas Filipinas, em que a Pepsi domina o mercado. Atualmente, a Est Cola e a Big Cola também ingressaram no mercado.

2) Crie mais linhas de produtos para gerar mais vendas. A Campbell's expandiu sua fatia de mercado de sopas, introduzindo sopas infantis com carros da Pixar, Toy Story e outros personagens de desenhos animados.

Marketing

Marca G3

Aspecto Ruim + Preço Baixo
O que devemos fazer?

1) Se os produtos estão vendendo bem e a operação é rentável, não mude nada.
2) Se os produtos têm vendas fracas e perdas, você precisa perguntar a razão de isso acontecer.

Algumas pessoas gostam de comer em restaurantes do tipo "coma tudo o que conseguir", pois, com o preço a US$ 20, eles são uma pechincha.

Mas é preciso pagar mais US$ 5 por pessoa, pois o preço não inclui as bebidas. A maior parte dos restaurantes excluirá as bebidas alcoólicas do preço de seu bufê. Quanto mais você come, mais precisará beber. Se o restaurante está satisfeito com o volume de vendas, ele não precisará mudar nada.
Isso porque os clientes gostam desse tipo de estabelecimento; eles têm certeza de que conseguem pagar o preço.

Conceitos

Marca G4

Aspecto Bom + Preço Baixo

Vende... naturalmente

(se ele não vender... bem, isso é estranho).

Formas de manter o volume de vendas:

1) Mercado de massa
Devido ao preço baixo + margem baixa (a margem é o resultado da conta do preço de venda menos o custo). O rendimento das vendas é inferior, mas o volume de vendas é muito alto e isso gera bastante lucro.
2) Acrescente mais linhas de produtos para gerar vendas adicionais. O McDonald's tinha uma concorrência acirrada do KFC e da Starbucks e começou a vender frango frito e a servir café especial.

20 Líder de Mercado

Apple + Samsung + Blackberry = Líderes de Mercado

A Nokia era a líder das empresas de celulares, com uma fatia de mercado de cerca de 80%.

A Blackberry era a líder em mensagens de texto e outras comunicações sem voz.

Atualmente, a **Apple** tem a maior fatia de mercado, pois o iPhone tem os aplicativos **Line** e **Whatsapp** para batermos papo e enviarmos mensagens de texto gratuitamente. Isso fez dela uma real líder de mercado.

Conceitos de marketing

Se sua empresa deseja sobreviver no mercado, é preciso entender as ***"Mudanças"***.

A **Apple** **mudou o mundo.**

STEVE JOBS

criou um mundo em transformação.

Anteriormente, a tecnologia de telefone celular mudava de acordo com a Nokia.
As pessoas esperavam para ver o que a **Nokia** lançaria com seus novos produtos.

Agora, as tecnologias mudam de acordo com a **Apple.**
As pessoas mantêm os olhos na Apple para ver que novos produtos estarão sendo lançados.

iPod + iPhone + iPad + qual será o próximo?

O mundo da tecnologia "nunca dorme"; ele está sempre evoluindo.

O Marketing "nunca dorme" pois ele está sempre evoluindo. Se alguma empresa adormece, os concorrentes podem facilmente assumir a liderança.

ÍNDICE DE AÇÕES NASDAQ

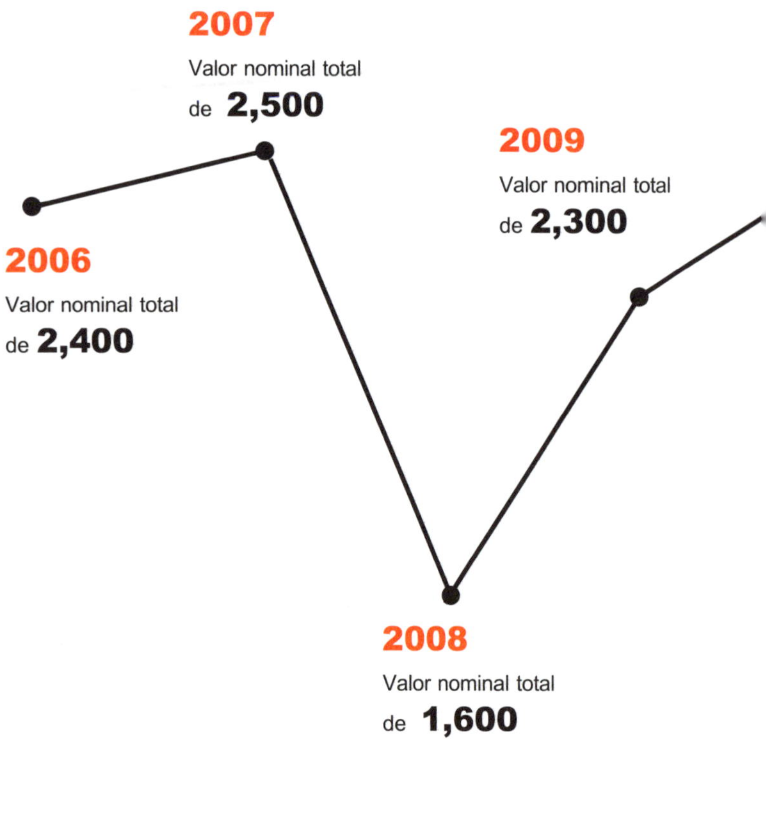

Dados fora do gráfico

(http://finance.yahoo.com)

21 Marketing de Bufê

>>> Ilimitado para atender as necessidades dos clientes

Esta é a era dourada dos **"bufês"**

Bufê de churrasco

Bufê de comida internacional

Bufê de sushi

Bufê de cervejas

Bufê de frutos do mar

Uau... Normas de Bufês!!!

Em ***termos de Marketing, isso é chamado de ...***

Produto de Consumo

Os clientes devem... **comer...**

ou **consumir de qualquer forma.**

Conceitos de marketing

1 PRODUTO

No caso de alguns produtos, os clientes decidem comprar imediatamente por causa da similaridade. Denominamos isso de **Produtos Similares**

massas/açúcar/molho/

sal/água potável/...

Tudo nos produtos é semelhante, de modo que o ponto de tomada de decisão recai no **"preço"**. Quando os produtos são exatamente iguais, não é difícil tomar uma decisão, pois basta virar a etiqueta de preço para ver quanto eles custam.

Mas, naqueles que podem se separar dos outros pela diferenciação, os clientes devem escolher de qual produto gostam e qual apreciam mais. Quando adoram um produto, então se tornarão clientes fidelizados. Embora o iogurte Dean & DeLuca tenha o preço mais alto do que marcas de iogurte menos conhecidas, as pessoas ainda preferem comprar da primeira marca.

Valor da marca

Séries de tevê de Hong Kong

As séries cinematográficas de chefões da TVB Hong Kong *The Legend of Condor Heroes* começaram a ser exibidas em 19 de novembro de 1967.

A série de artes marciais de longa duração emprega aproximadamente 4 500 pessoas que trabalham no show e é popular com o público atual da mesma forma que era com as audiências de cerca de cinco décadas atrás.

(http://en.wikipedia.org/wiki/Hong_Kong_(TV_series))

Valor da marca

BOLSA DE VALORES

As dez ações com a mais alta capitalização de mercado do mundo em 2013

1) Apple	$ 556 bi
2) General Electric (GE)	$ 368 648 614 000
3) Microsoft	$ 272 878 675 566
4) Gazprom	$ 250 132 759 200
5) Citigroup	$ 247 644 960 000
6) Bank of America	$ 246 253 076 390
7) Royal Dutch Shell	$ 219 640 875 000
8) BP	$ 212 327 784 000
9) Pfizer	$ 207 151 515 000
10) WalMart	$ 206 200 322 720

(http://th.wikipedia.org/wiki/StockExchange)

22 A Política Aumenta as Vendas

>>> Certas Políticas aumentam o volume de vendas

As promoções atreladas à política do primeiro carro na Tailândia venderam 80 mil veículos na Feira de Carros de 2012.

Oh, meu... Deus!

Essa política funcionou muito bem...
Ela fez a venda de carros atingir números bastante elevados.
Isso assegurou a continuação do programa.

Em termos de Marketing, isso é chamado de...

"Estratégia de Promoções"

A política mais arrojada feita na Tailândia... compre seu primeiro carro!!!

(Mesmo que o trânsito nas ruas da Tailândia seja caótico)

Conceitos de marketing

No caso de alguns produtos, os clientes não conseguem decidir imediatamente sobre comprá-los, pois não têm o mesmo formato + design + sabor + preço (caros).

Eles são chamados de PRODUTOS SELETIVOS ou HETEROGÊNEOS,

Tais como carros/ casas de condomínio/ casas de férias/ motocicletas/ cadeiras de massagem/ ...

Diferentes clientes têm seus próprios gostos e o **"preço"** não é ainda o principal fator determinante na compra.

Na Feira de Carros de Bangcoc de 2012, o Honda City foi o carro mais vendido, ainda que não fosse o mais barato nem apresentasse muitos privilégios; ele, tampouco, tinha as garotas-propaganda mais bonitas.

Mas, por que a **HONDA** vendeu mais carros?

A VOSS domina o segmento de águas minerais e tem derrotado a Perrier por vários anos. Por quê + Por quê + Por quê? "A resposta é MARKETING". Após a autorização do Ministério da Saúde, a VOSS foi descrita como a água de melhor sabor e com maior grau de pureza por muitas revistas especializadas em estilo de vida.

Marketing

Os clientes desejam ter "bons produtos a um preço justo" que "mereçam o valor".

Conceitos

"Produtos Seletivos"
produtos de alto preço
deverão oferecer aos
clientes a sensação de que
"a compra valeu a pena".

23 Produto Masculino e Feminino

>>> Separe os Produtos... Separe os Grupos

As fraldas infantis

são classificadas em masculinas e femininas pela cor (na realidade, elas são iguais)

Essa estratégia é denominada Categoria de Produto Classificado. As fraldas Huggies e Pampers fornecem seus produtos em duas cores.
Azul para meninos
Rosa para meninas

As fraldas são diferentes somente nas cores!!!

A casa Moët & Chandon apresenta uma ampla variedade de champanhes para que os consumidores possam escolher: Moët & Chandon Impérial; Moët & Chandon Rosé Impérial; Moët & Chandon Nectar Impérial; Moët & Chandon Grand Vintage; Moët & Chandon Grand Vintage Rose. Esses produtos não apenas são classificados pelo tipo de champanhe, mas também pela decoração de suas garrafas, e os preços variam de US$ 50 a US$ 1 570, dependendo da garrafa.

Conceitos de marketing

Alguns produtos têm qualidades similares, mas, mesmo assim, são diferentes e oferecem aos clientes uma oportunidade de compará-los efetivamente antes da compra.

Denominamos isso de **PRODUTOS COM PEQUENAS DIFERENÇAS**

Como **água mineral, canetas, DVDs, ventiladores, pinturas etc.**
(veja a seção **MARKETING DO PRODUTO** neste livro).
Os produtos são muito similares
O fator mais preponderante na decisão de compra é o **"preço"**.
Quando os produtos são exatamente iguais, não é difícil tomar uma decisão, bastando apenas virar a etiqueta de preço para ver quanto ele custa.
Nos **produtos** com um amplo público-alvo, os profissionais de Marketing, de modo geral, agrupam os próprios consumidores. No passado, havia um único xampu, mas depois foram lançados xampus infantis e para diferentes tipos de cabelo. Posteriormente, para a faixa adulta, foram lançados xampus para cabelos sem volume e para cabelos volumosos, para tratamento de danos capilares, para tratamento anticaspa, para controle de queda de cabelo e, finalmente, fórmulas do tipo "dois em um".

Produtos Masculinos

revistas femininas *FHM* e *Maxim*/
entretenimento caseiro/ sapatos/
creme de barbear/ aparelhos eletrônicos/
itens esportivos/carros/ golfe/ cerveja/
bebidas alcoólicas/ ...

Produtos **Femininos**

revista *Cosmopolitan*/ *Vogue*/ cosméticos/ perfumes/ lingeries/ sapatos de salto alto/ batons/ esmaltes/ brincos/ colares, cordões/ anel de diamante/ ...

Marketing

Produtos de Consumo

Não Comestíveis

São produtos que não podemos consumir, mas utilizar

Lenços de papel/ limpador de banheiro/ xampu/ sabão/ panos/ guardanapos/ antissépticos bucais

Comestíveis

Água/ refrigerante/ cerveja/ macarrão instantâneo/ hambúrgueres/ linguiças/ pães doce/ bolinhos recheados/ leite/ iogurte/ frango

Produtos de Conveniência

Produtos de Conveniência

São os produtos comprados com frequência pelos consumidores:

Jornais/ água/ refrigerante/ cerveja/ goma de mascar/ macarrão instantâneo/ cartões de telefone pré-pagos.

Esses produtos normalmente são vendidos em lojas de conveniência, tais como a 7-Eleven, Fair Way, Market, Union Market, Family Mart.

24 Marketing de Rede Social

>>> Conte ao País Inteiro ou ao Mundo Inteiro

Facebook + Twitter + Instagram ++++

As comunicações de Marketing via redes sociais foram além do que os humanos jamais conseguiram.

Quem gosta do quê???

Quem fez o quê + com quem + quando???

Outros podem tomar conhecimento de todas as coisas boas e ruins.

Rihanna – Muitas estrelas fornecem vislumbres de suas vidas particulares a todos (como Beyoncé) e prudentemente mediaram exemplos de seus gostos (como Lauren Conrad), mas a cantora de Bajan sabe que sua carreira é baseada em sua percepção pública como uma "garota boa que foi para o mau caminho", e não há mais possibilidade de oferecer algo diferente para os fãs. Aqueles que seguem as celebridades nas mídias sociais apresentam uma probabilidade quatro vezes maior de seguir uma marca e de compartilhar seu conteúdo com os amigos, o que pode explicar por que nem os cosméticos MAC tampouco os River Island – duas marcas tradicionais promovidas por Rihanna – parecem se preocupar ao verem fotos de sua garota-propaganda sem o sutiã, praticamente sem a parte de baixo também, jogando notas em strippers ou por se deixar fotografar com um cigarro gigante.

Conceitos de marketing

VOZ: a voz ao longo da linha

No passado, a taxa de cobrança dos telefones celulares era de 25 centavos por minuto. Atualmente, ela custa apenas 5 centavos com algumas promoções. Não é nenhuma surpresa... todos os provedores de redes ficaram muito ricos.

DADOS: mensagens e texto

Também conhecido por **SMS**, as mensagens custam por volta de 15 centavos. Se o envio for para um programa de TV, ele custaria 50 centavos ou mais.

Sistema **MMS**: é para enviar mensagens multimídia via telefone celular; ele custaria pelo menos 15 centavos.

O sistema de **transmissão de dados** hoje em dia é popularizado por aplicativos como o **WhatsApp** e o **Line.** Eles são gratuitos para o envio de mensagens e de fotos. As pessoas adoram sistemas gratuitos, e esses aplicativos também são mais rápidos para a comunicação com muitas pessoas.

O **MP3** e a pirataria *on-line* se tornaram um problema enorme para o setor musical. Como as pessoas adoram produtos gratuitos – essa é a razão –, as empresas precisam adotar um novo **Modelo de Negócio** para poderem sobreviver. (Depois da indústria da música, talvez os provedores de rede também pudessem mudar).

O sorvete é um item muito popular e assim tem sido por um longo tempo. Na maioria dos países e em praticamente todas as culturas, o sorvete é muito famoso.

Ele é o lanche favorito para crianças, jovens, adultos e, também, pessoas idosas.

Alguns produtos têm sido considerados clássicos durante muito tempo. Eles continuam sendo muito famosos em vários países, várias culturas.

O valor de alguns produtos é antigo e clássico.

25 Novo Mundo + Novos Produtos

>>> O Mundo está se Transformando

Roupas + Maquiagem + Comida + Ficção + Drama + Cinema + Música

Os profissionais de Marketing precisam começar a explorar todo o comportamento dos grupos emergentes. A indústria está mudando de acordo com a atual cultura popular. Agora, muitos livros e dramas envolvem vampiros e lobisomens, tais como *The Vampire Diaries*, a série mais famosa da CBS, *Teen Wolf, Being Human* e *True Blood*. Houve uma mudança total após o sucesso da saga Crepúsculo.

O triângulo amoroso que envolvia o vampiro e o lobisomem, na realidade, nasceu de um romance ficcional. Embora tivéssemos *Buffy, the Vampire Slayer* na década de 1990, foram os vampiros e lobisomens do início do século XXI que se tornaram incrivelmente atrativos. Grupos emergentes imensos detiveram o poder de direção do mercado, como pode ser visto por esses vampiros e lobisomens. Eles se tornaram personagens atrativos e sedutores, que mudaram o mercado. Como isso é estranho!

Conceitos de marketing

À medida que o mundo se transforma, todas as coisas parecem ser mais rápidas. As pessoas trocaram o ônibus pelo metrô. A leitura mudou para *e-books*, e o costume de jantar em restaurantes clássicos para lojas de *fast-food*.

Os **sites** mais lentos farão com que mudemos e "cliquemos" para ver algo que tenha carregamento mais rápido.

Os profissionais de Marketing deverão estudar esses padrões de comportamento.
Está acontecendo o marketing de camisinhas para consumidores jovens (o sexo também é mais seguro com o uso de camisinha), o mercado de cerveja está em expansão e a vodca é mais popular. Isso indica que as pessoas estão se libertando mais do estresse ou festejando mais.
O mercado de cigarros para os homens diminuiu, mas o segmento de mercado para fumantes femininas está aumentando a 150% ao ano.
As crianças estão se dedicando a jogos *on-line* e não participam mais de brincadeiras ou jogos na rua. Os níveis de exercícios caíram e o consumo de alimentos não saudáveis está alto, gerando crianças mais obesas, com diabetes e níveis mais altos de colesterol.

Todas essas coisas são o que os profissionais de Marketing devem entender.

Este livro foi composto na fonte Helvetica, Helvetica Neue LT Pro, UPC-Browallia, Futura MdCn BT, Arial Black e impresso em papel *Offset 90 g/m²* na Imprensa da Fé.